임공수 제5시집

뫼비우스가 걸어간
안드로메다 은하

미당 서정주 작품상 수상 기념시집

도서출판 자기다움

뫼비우스가 걸어간 안드로메다 은하

초판인쇄 : 2025년 6월 27일
초판발행 : 2025년 6월 27일
지 은 이 : 임 공 수
발 행 인 : 김 지 연
인 쇄 처 : 우림 박 태 영
발 행 처 : 도서출판 자기다움
　　　　　서울 중구 충무로 5길 11, 기영 505호
　　　　　전화 02-2266-0412
이 메 일 : parkjs8@naver.com
ISBN 979-11-91548-35-8　　값 15,000원

이 책의 저작권은 책 저자에게 있으므로 무단 전재 및 복제를 금합니다.
파본은 구입하신 서점에서 교환하여 드립니다.

 시인의 말

안드로메다 은하 끄트머리
푸른별로 가고싶었지만

뫼비우스의 폐곡선을 돌고돌다

탈출하는 방식을 잊고 있었다

언어는 내면에 닿지못하고
한 편의 시도 바람에 나부끼지 않았다

아직 미완의 도정이지만
푸른별이 사는 미지의 세계로

나만의 언어를 찾아 떠나고 싶다

    2025년 6월

       임 강

목 차

 **제 1 부**

- 샛별 ········ 10
- 노을빛 사랑아 ········ 12
- 겨를 ········ 14
- 고차방정식 ········ 16
- 자화상 ········ 18
- 십자드라이브의 심리학 ········ 20
- 고백 ········ 22
- 높은 음자리표 ········ 24
- 아내의 꿈 ········ 26
- 발상의 교실 ········ 28
- 구직 ········ 30
- 뫼비우스가 걸어간 안드로메다 은하 ········ 32
- 불안 속에 피는 꽃 ········ 34
- 종이 비행기 ········ 36
- 아무개씨 ········ 38
- 지옥의 계단 ········ 40

제 2 부

가을로 가는 시간표	44
바다의 문장	46
쉬이 잠들지 못하는 한강	48
비밀의 숲	50
메타포의 바다	52
심해의 심리학	54
그대는 봄	56
몽돌	58
허공의 기하학	60
붓다의 미소	62
풍경소리	64
설원 가는 길	66
겨울 호수	68
욕망의 그물	70
잊혀진 여인	72
적도 위를 걷는 여자	74

 제 3 부

다듬이 소리 ·················· 78
어머니의 꽃 ·················· 80
태공의 여백 ·················· 82
새끼고양이의 꿈 ·············· 84
종이 배 ······················ 86
모래의 시간 ·················· 88
아우성 ······················ 90
구직 2 ······················ 92
깡통의 꿈 ···················· 94
허공을 삽질하다 ·············· 96
발효와 부패 사이 ············· 98
소금꽃 사랑 ················· 100
개와 늑대의 시간 ············· 102

 **제 4 부**

별들의 고향 나들이 ………………………………… 106
행간에서 은하를 걷다 ………………………………… 108
두 개의 푸른 별 ……………………………………… 110
푸른 행성으로 가는 길 ………………………………… 112
바다에서 걸어나온 점 하나 …………………………… 114
트로이 목마 …………………………………………… 116
뿔의 무게 ……………………………………………… 118
임계점 ………………………………………………… 120
박쥐가 바라본 세상 …………………………………… 122
조장鳥葬 ……………………………………………… 124
슬픈 계절 ……………………………………………… 126
검은 전사들 …………………………………………… 128
소리의 제국 …………………………………………… 130
호모스마트쿠스* ……………………………………… 132
*디스토피아 …………………………………………… 134

뫼비우스가 걸어간 안드로메다 은하를 읽고 ………… 136

제1부

샛별

샛별

계절이 만나는 그 어디 쯤
신생아 샛별 하나가 반짝 눈을 뜬다

바람에 좀 흔들렸지만

생성과 소멸 그 언저리
죽음은 언제나 또 다른 생명을 탄생시킨다

내가 수없이 꿈을 꾸며 여닫던 은하
아직 지상에 떨어지지 않고 익어가는 별똥별 하나
그 우화는 아직 끝나지 않았다

은하를 가득 메운 저 불멸의 문장들
아직 채우지 못한 시간들이 광년의 속도로 흐른다

별은 지상에 떨어져 눈이 되고 모래가 되고
사람은 죽어서 은하 속 이름 없는 작은 별이되는

우리는 안드로메다 그 어디에서 다시 만날 수 있을까

시정잡배들의 권모술수가 통하지 않는

안드로메다 은하 외딴 초록 별에는
시 한 편이 나부끼고 아스라이 멀어져간 첫사랑이 있을
것이다 너와 내가 밑줄 그어논 불멸의 문장에서 산책이
시작될 것이다

생은 마무리가 아니고
샛별이 되어 둥글게 익어가는 것

우리도 언젠가 시나브로 샛별 하나가 되어
또 다른 세상이 찬란하게 열리는 불멸의 문장이 될 것
이다

노을빛 사랑아

이제 불 같은 사랑은 꿈꾸지 않겠다

상처를 입고 울고불고 슬퍼하지도 않겠다
연고를 발라주고 호호 불어 줄 뿐

언제나 사과처럼 붉게 익어갈 줄 알았는데

노을빛 사랑아
우리 사랑은 모던한 락밴드가 아니고
클래식이어서 미안하다
벤츠대신 징검다리 건너 미루나무 숲을지나
오솔길을 걸어서 미안하다
나이프로 청춘을 썰기보다는
된장국에 냉이향이어서 미안하다

노을빛 사랑아
나지막한 목소리와 거칠어진 손길에서도
사랑은 고물고물 피어난단다

해지녘 언덕에 올라 도란도란 참새처럼 사랑을 콕콕 쪼아보면서

사랑은 이벤트도 아니고 게임도 아니어서
노을빛 사랑은 솜털구름처럼 부드럽지만 시들지는 않는단다
가끔은 파도가 출렁이듯 가슴이 뭉클해지는 경우도 있지만

노을빛 사랑아
사랑은 유통기한도 없고 공소시효도 없어서
별이 익어가는 소리에 숙성되어가는
백발의 사랑도 있단다
용광로같은 사랑보다는 옆구리가 따뜻한
샛강에 피어나는 안개 같은 사랑을 더 사랑한단다

우리 사랑은 그림자가 길어서
노을에도 시들지 않는단다

겨를

푸른 신호등이 켜지자
사람들이 우루루 앞다퉈 길을 건넌다

급 브레이크를 밟는 찰나
질주의 잔해들이 어지럽게 바닥에 흩어진다
바퀴처럼 굴러가는 세월을 가없이 굽어보지만
옐로 라인을 넘어섰다

알 수없는 검은 스키드마크만 가득하다
허공에 길 잃은 커서는 오래도록 깜박거린다

(당신의 영혼은 이미 죽었습니다)
메세지가 도착했다

*비로소 나는 겨를을 얻는다

붉은 신호등이 보이고
졸고 있는 구름 한 조각이 눈에 들어온다

트로이 목마를 타고 적진 속으로
겁없이 달리던 배고픈 욕망이 아프게 흔들거린다

속도제한 구역

차이코프스키의 안단테 칸타빌레 연주소리가 들린다

무얼 위해 그렇게 달려야 했는지

*다산 정약용이 강진에 유배되었을 때 초당 툇마루에 앉아 했
 다는 첫 마디

*고차방정식

세상의 모든 이야기가 무겁다지만
얽히고 설킨 삶의 무게만 할까

카인의 후예들이 살고있는 요양병원에
하나 둘 불이 켜지고
한 환자가 돌아가야 할 성좌에 좌표를 찍는다

아침을 찍어 먹고 슬픔을 쪼아 먹고
울고웃던 날들이 둥근 달 속에 스민다

우리는 삶은 퍼즐을 풀기 위해 *등고선 위에서
외줄타기하며 웃는 어릿광대다
종종 블렉홀 속으로 빨려들어가기도 하지만

새벽 무수한 빛의 스펙트럼을 밟고
폐지를 가득 실은 리어카가 가로수에 몸을 기대고 살아
온 괘적을 더듬는다
끌고가던 삶의 주파수가 자주 끊긴다

이 밤을 건너기 위해
꽐라처럼 비틀거리며 취해 본다
삶을 미분도 해보고 적분도 해보지만
인생 고차방정식은 만만치 않다

모든 길은 인공지능으로 통하는 시대에
삶의 방정식은 더 복잡해졌다
사람 숲에서 길은 잃고 고비를 걸으며 생각한다

지금 이 길이 옳은 길인가

*고차방정식--3차 이상의 방정식을 말한다
 (일반적으로 복잡하여 풀기 힘든 문제를 말한다)
 3차방정식은 근이 3개인 3차원(x,y,z)그래프다
 (단 평면에 나타낼 때는 *등고선을 활용한다)

자화상

거울이 내 마음을 꺼내 보여주었다

깨진 유리 파편 속에
알 수없는 문장이 검은 새떼처럼 날아간다

시공간이 뒤엉켜
어떤 중력에 끌려가는 찌든 욕망이 어른거린다

개쉬땅나무처럼 희어진 나에게
잿빛으로 물들어버린 내 영혼에게
왜 자신을 알아보지 못하냐고 묻고 있다

돌의 살점을 떼어낸 암각화처럼
차겁게 식어버린 마음의 문자들을 만져본다

긴 밤을 건너온 지친 영혼을 강물에 씻는다
봄날은 가는데 아직 봄이 만져지지 않는다
기억은 아직 꽃잎에 머물고 있는데

아직 가슴으로 돌아오지 못한
아픈 기억들이 부표처럼 떠오른다
나는 아직 불완전한 문장

먼 길을 떠나야 하는 바람이
텅 빈 오후를 훑고 지나가면

세월 뒤에 숨어
내가 나를 낯설게 바라본다

십자드라이브의 심리학

십자드라이브에 맞물린 십자나사처럼
음과 양은 속궁합이 맞아야죠

우리 사이가 느슨해진 건 틈새잖아
우선 헐거워진 가슴을 조여야겠어

물고 물리고
서로 맞물린 것이 우리네 인생을 닮았죠

다음은 안구를 조여야겠어
아침은 눈빛에서 시작되거든

어물시장에서 숨을 몰아쉬고 있는
생태 한 마리의 눈빛과 마주쳤다
눈빛을 정리하다 별빛을 정리하면 안되니까

아픈 가슴에는 항상 달맞이꽃이 필요해
삶에서 도망칠 수 없도록

촘촘히 틈새를 조이는 거야

두뇌를 조일 때는 무수한 별풍선이 필요해
틈새 아닌 창조의 공간도 필요하거든

그 싱싱한 발상의 공간 말이야

십자드라이브가 필요한
헐거워진 어느 날 오후

고백

젊은 것들이야

늘 사랑한다고 설레발치지만
장미가 내뱉은 고백이 그 가시에 찔린다지요
허위적거리는 자음과 모음에 대해
단어들의 불평에 대해 울고불고 한다지요

어디 연륜이 깊은 우리들이야
사랑이란 고백이 그리 쉬운 단어던가요

가끔 그믐달 끄트머리에
고백을 살짝 달아두곤 하지만
어두운 밤 산책길에 달인가 꽃인가 잘 모르겠거든
내가 숨겨둔 고백이라 생각하세요

우리의 고백은 세월로 쓴 산문을 읽어주는 것
7악장은 노을빛 향기로 써야 하거든요

익어갈 수록 아름다워지는

계절은 노을빛이어서
우리의 기도는 날로 진화되어
오래된 꽃의 향기는 은은하여 멀리가거든요

어줍잖은 시처럼 시시컬렁하지 않도록
눈물을 얇게 채 썰어서라도
진실을 전달해야 하거든요

가을날의 사랑은 아직 따뜻하다오

높은 음자리표

허공에 빈 오선지 펼쳐놓고

높은 음자리표를 달면
새가 발자국을 찍고 날아오르고
심장에 별똥별이 떨어지고

나는 무대에서 연출을 한다

때로는 가면을 쓰고 웃는 척하면서

오늘은 망고처럼 타원형으로
내일은 방울토마토처럼 붉게
꽐라처럼 비틀거리며 춤을 춘다

짧은 인생 뜨겁게 한 번 살아보겠다고
비밀번호로 삶의 일부를 걸어잠그고
때로는 눈물을 채 썰어 삼키면서

붉은 적도를 횡단하여
차거운 별빛이 쏟아지는 바이칼호수에 착하면
기억의 등뼈가 휘청거리지만

7악장을 쓰기 위해 다시 팬을 잡는다

어쩌다 바람이 되었다가
때로는 사막의 신기루처럼 서성이며
나그네 가는 길을 묻지 않는다

나의 기도는 날로 익어가
사는 일이 명징해졌다

눈을 뜬 채 세상을 감는다

아내의 꿈

시인의 되어 노벨문학상도 타고
벤츠 타고 세계 일주도 하고 싶은

꿈 많은 소녀였는데

어느새 잠자리에 꿈이 많은 노을이 되어
*크산티페처럼 악처가 안되는 것이 꿈이 되었다

늑골이 헐거워진 몸으로
아내 마음 곁에 내 마음을 눕히면
밤새 꿈을 편집하느라 잠을 설친다

바보처럼 웃다가
애교를 떨기도 하고
아마 상대는 백마 탄 왕자일 거다
아내가 꿈에서라도 행복했으면 좋겠다

짜증을 부리다가
누구와 싸우는 것 같기도 하고

아마 그 대상은 나일 것이다
내가 많이 부족했던 게지

꿈에서 지능지수는 동물 수준인 듯
시공간을 뛰어넘어 불완전한 문장들이 오간다
아닌데 하면서도 대응하지 못하는 꿈감

아내의 눈탱이가 검푸르게 부어올랐다

내가 격투기선수로 돌변했다는 것
일단 용서는 빌었지만 억울하다
아내를 괴롭히는 녀석에게 원투를 날렸을 뿐인데

각방을 쓰기로 했다

어디까지나 잠꼬대라고 강변했지만

어디까지나 밤탱이라고 답했다

*소크라테스의 아내

발상의 교실

진부한 화판을 짊어지고
발상을 찾아 방랑의 길을 떠난다

삶의 최고의 가치는 무엇일까

전장에서 돌아와
휠체어에 앉아있는 군인은 평화라 했다
교리를 설파하는 사제는 십자가의 복음이라 하고
연인을 잃은 젊은이는 사랑이라 했다

이 세 가치를
한 장의 그림으로 그릴 수는 없을까

화가는 가을 아이처럼
빨간 하트 위에 비들기를 코딩하고
그 속에는 십자가를 조합하여 추상화를 그려봤지만

허공에 길잃은 커서만 깜박거려
더 신선한 바람의 수혈이 필요하다고 느꼈다

숲 속에서 길을 잃어버렸을까?
화가가 잃어버린 건 숲이었다

바흐의 별이 빛나는 밤에
바람에 나부끼는 별과 함께 노닐다가
블렉홀에 빠지기도 하면서
수도사에 있는 원효의 해골바가지로 깨달음을 마셔보기도 했다

몇 년의 방황 끝에
먼 길 돌고돌아 고향으로 돌아왔다

아이들이 아빠를 껴안아 환영했고
아내는 남편을 용서하며 포옹했다
집 앞 십자가를 보며 부족했던 믿음을 보았다

덧칠된 계절이 한 겹 벗겨지며
화판이 깜빡 눈을 뜬다

구직

밤새 인터넷을 다운로드 해보지만
핏발선 밤이 신문지처럼 구겨진다

어제는 구직센터에 희망을 매달고
오늘은 절망을 건진다

밤새 걸어온 새벽에 지친 몸을 일으켜
줄을 선 일용직은 오늘도 헛발질이었다

마누라가 싸준 찬 도시락을 까먹고
식어가는 드럼통에 몸을 녹이고 있다

계절의 끝이 가없이 넘어갈 때
노숙하던 고향친구가 세상을 등졌다고 문자에 떴다
반길 사람도 없지만 장례식장으로 발길을 돌렸다

오늘도 집으로 돌아가지 못한 채
아이들 얼굴만 허공에 달랑거린다

흑백영화 같이 웅크린 어둠 속으로
눈발을 받으며 알 수 없는 그림자가 걸어간다

선거판에 떠도는 공약처럼 질척거리며

신발을 신고 나갔다가
발자국만 신고 돌아왔다

뫼비우스가 걸어간 안드로메다 은하

눈물이 나는 건
꽃잎이 떨어지기 때문만은 아니다
한 하늘이 지기 때문이다

허공의 삶을 다 보낸 새는 슬픈 얼굴로
이해하지 못할 기도문을 외우며
종종거리다가 땅을 쪼으며 흙으로 돌아간다

팽팽한던 시선이 뚝 끊어지면
계절을 버리고 꽃잎의 시간이 쌓인다
목을 꺾고 온 몸으로 울고 있는 불두화
소쩍새 한 마리가 일주문에 엎드려 칭명염불을 외운다

아끼던 봄이 얄망스럽게 지나간다고
봄날이 너무 빨리 간다고
떨어진 꽃잎 주워들고 울지마라

지나온 길을 다시 돌아가려 하지마라
정지선에서 더 이상 머뭇거리지도 마라

당신의 선택권은 당초에 없었다

섧게 빛나는 주어진 길을 허물 벗으며 가야한다
발자국마다 투명하고 서툰 문자를 남기며
뫼비우스의 폐곡선을 따라

삶은 잿불같이 사그라들지만
돌아갈 안드로메다 은하는 아직 따뜻하다

불안 속에 피는 꽃

뭉크의 절규에서
현대인의 불안이 그림 뒤에서
그림자처럼 서성거린다

그 그림자가 내 잠 속으로 걸어들어와
불안이라는 편지 한 통을 던지고 간다

그리스 신화의 여신 *헤카테처럼
부채도사는 좌우 어디론가 넘어져야 산다
선택의 심리를 이용한 코메디 물이지만

인간은 불확실성을 악물고 선택을 강요받는다
페널틱킥 앞에선 골키퍼는 좌우 어디론가 넘어져야 선수들이 박수를 보낸다
글로브의 이름으로 기도하면서

뫼비우스의 띠를 돌고돌다
탈출할 기회를 놓치면 안되니까

신은 어리석은 방식이라고 비웃지만

세상과 타협하는 인간의 차선의 방식이다
프로스트는 미래가 불확실하지만 가지않은 길을 선택했다
돌아올 수 없다는 것을 알면서도

 **앙스트블뤼테

후회없는 과거가 어디있으랴
상처없는 영혼이 어디있으랴

확률이 반반인 두 갈림길에서
애매하면 모호 쪽으로 모호하면 애매 쪽으로 가야 할 때가 있다

그러려니 퉁치면서

* 그리스 신화에 나오는 달,대지,지하의 세 여신이 한 몸으로 된 여신 (자신의 의지대로 행동하는 여자)
**독일어로 공포의 앙스트와 개화의 블뤼테의 합성어다(불안 속에 피는 꽃)

종이비행기

개와 늑대의 시간

운명을 가방에 챙겨넣고
아내의 부축을 받으며 생의 다리를 건너고 있다
녹슨 슬픔들이 심장에 해무처럼 피어오른다

병원 옥상에는 얼룩진 침대시트가 마치 살점들을 바느질한 *프랑켄슈타인처럼 느껴졌다

앰뷸런스가 붕붕거리는 골목에는
빈 약병들이 포탄의 탄피처럼 쌓여있어
지난 밤에 전투가 치열했음을 암시하고 있다

삶을 지키려는 자와 저승으로 데려가려는 자의 처절한 몸부림이 있었을 것이다
제 피로 목을 축이며 고비를 걷는 낙타처럼

죽고사는 일이 바닷바람처럼 비릿하다

돌아가는 법을 잊은 환자가 다시 꿈의 포탄을 장전해본다

집으로 돌아가는 사람도 있지만
종이비행기처럼 허공으로 날다가
중력의 법칙에따라 무덤에 곤두박질 칠 것이다

입원실 창밖에서
매미가 내 감정을 울음소리에 훔쳐가던 날
별로 접은 종이비행기를 안드로메다 은하로 날려본다

나는 어떤 색깔로
지는 석양에게 인사를 건네야 할까

*프랑켄슈타인 _1818년 소설의 이름 신비학도가 시체조각을 조합하여 괴물을 창조한다는 내용 이 괴물 때문에 결국 신비학도는 그 괴물에게 죽임을 당함

아무개씨

지난 밤 죽음을 연습하던 무명씨가
신의 가호가 당도하기 전에 깨어나지 않았다

이 밤을 건너려는 밭은기침 소리만
간간히 들렸을 뿐

가슴에는 어린 딸 사진만이 환하게 웃고 있고
보도블럭 사이에 노숙중인 민들레만 조등을 밝힌다

주소는 서울역 입구 지하도
이름은 아무개

온종일 모아온 폐지로 소주 한잔을 마시고
폐상자는 관을 만들어
그 속에 매일 밤 요단강을 바라보며 눕는다

무료 배식 줄에 섰지만
그 앞까지가 마지노선이었다

눈물 몇 방울로 후식만 먹는다

그는 다시 돌아오지 않으려고
부고도 발자국도 무덤도 없이
슬그머니 떠났다

죽은 자들이 벗어놓고 간 허물들로 가득하다
산 자들은 바람으로 세탁하고 어둠으로 말린다

골목들이 헐거워진 그림자처럼 비틀거린다
안개 속 개가 컹컹 짖을 때마다
귀는 더 커지고 허공은 찢어진다

슬픈 내재율이 어둠 속으로 걸어간다

지옥의 계단

눈물젖은 바람을 훔쳐먹고도 죽지 못했던
어둠의 출구를 찾지 못했던

나는 지옥을 잘 안다
지금 내가 지옥에 있으므로
랭보의 시를 곱씹어 보고 있다

부러질 수없어 휘어진 무게를 짊어지고
사람 숲에 떠밀려가는 삶
휘청거리는 어둠
교각 위에 올라서서 하늘과 강물을 번갈아 보면서
붉은 십자가를 향해 중얼거린다

먼저 죽어 떠도는 영혼들로 출렁거리며
바람따라 뒤로 자빠지는 물살
허리 굽은 초승달이 물 위에 어른거린다

온갖 죄를 지은 저 어둠의 자식들
죄를 물려받은 자식이 죽음과 타협하고 있다

오래전에 죽은 물귀신이
닳아버린 구두의 뒤축을 잡고 궁시렁거린다

굼뱅이만도 못한 인생은 죽어도 좋지만
저렇게 젊은 여인이 무슨 사연일까
그녀는 빈 소주병을 한강물에 던지고
교각을 오르고 있었다
두사람은 눈물끼리 반사되는 빛으로 마주쳤다

우리 죽을 때 죽더라도 소주 한잔 하고 죽읍시다

맥주처럼 차고 헐겁게
소주처럼 뜨겁고 달콤하게
다시 태어날 수있을까
다시 세상을 사랑할 수있을까

아직도 잃어버린 달을 찾고 있는지

제 2 부

가을로 가는 시간표

가을로 가는 시간표

여름에 버린
시 조각들로 만든 커튼을 열었다

창 밖 숲길로 작년에 집을 나간 릴케가
위대한 해시계를 가지고 돌아왔다

가을로 가는 노을에는 새들의 발자국이 가득하다
궤도를 잃어버린 달이 가끔 내 창가에 머물다
내가 잠이 들면 떠나곤 했다

매미의 울음소리가 점점 느려져
여름이 시간표 속으로 가고 있다
골목길로 흘러가는 구름 한 덩어리가
물컹한 눈물로 여름과 이별을 하고 있다

이것이 내 여정이다

북쪽에서 수취인 불명으로 되돌아온 계절이 가을장마에
둥둥 스와니로 여행을 떠난다

아직 떨어지지 않은 별똥별이 마지막 익어가는 중이다

이것이 내 영혼이다

목적지는 도착하기 직전에 변경되었다
나는 우주를 맨몸으로 유영하며
별이 빛나는 밤에 살고 있는 고흐다
오늘밤은 별자리를 훔쳐 내 서재에 재워야지

이것이 내 6자유도다

나에게 당도하지 못한 별 하나가
길을 잃었다고 바람이 전해왔다

숲에 가을이 스며드니
내 창에 젖은 별 하나가 촉촉히 흘러내린다

바다의 문장

죽은 새끼를 업은 귀신고래가
고독한 순례의 길을 걷는다

허공 위로 슬픈 언어들을 뿜어내면서

날마다 부서지는 바다는
한 장의 은유와 유랑과 고독과 창조와
끝내 다 읽지 못한 미지의 메타포다

바다는 들숨과 날숨으로 늘 허밍소리를 낸다
바다의 언어를 해독할 수만 있다면
바다의 정령을 더 이해할 수있을 텐데

제 몸을 모진 파도로 담금질하며
목이 쉬도록 부르는 파도소리는
오늘 밤을 건너려는 저 어미고래의 울음소리다

파도는 아직 문장이 되지못한 바다의 감정들
이 한 잔의 파도를 마시고
아직 해독되지 않은 창조의 바다를 건너야 한다

격자무늬 파도를 바라보며 밤새 바다를 편집하느라
잠을 설쳤다

사랑시는 물로 써야 한다
삶 속에는 늘 생명의 물로 가득차 있다
바다는 쉼없이 젖은 입술을 포개고 끝없이 산란한다

파도를 찍어 쓴 피톨은 바다의 이야기다
석양이 수평선에 빠질 때 그 시는 붉게 익어갈 것이다

바다 속에는 해가 뜨는 집이 있다
지난 첫사랑이 있고 아름다운 노을이 있고
또 다른 계절의 시간표가 있을 것이다

저 바다는
죽는 날까지
끝내 다 읽지못할 거대한 시집이다

쉬이 잠들지 못하는 한강

네온사인 불빛이 바람따라
강물 위에 춤을 춘다

그게 밤이 몰락하는 이유라고
새벽별 하나가 마지막 증언을 하고 사라진다

철로 이음새소리가 한강철교를 건너고 있을 때
마포대교 교각 위에 소줏병을 든 사내를
구두 뒷축을 잡아 구했다는 자막이 떴다

지하철 환승역이 교차하는 공명소리로
한강이 쉬이 잠들지 못하고 뒤척인다
물고기들이 자꾸만 높아지는 데시빌에
불면을 산란하며
자음과 모음이 순서없이 튀어오른다

모 가수는 서울에서 살겠다고 목청을 높인다

열차가 도착하고 있으니 발빠짐에 주의하라고 확성기가
먼저 역에 도착했다
소음이 여기저기 장마 끝 푸성귀처럼 웃자라
한강이 누워서 흐르지 못하고 가부좌로 흐른다

부러진 대화가 강물 따라 흘러간다

무너진 밤이 도착했다
서울의 달이 한강을 아프게 바라본다

비밀의 숲

서사의 시작은 유년의 숲이었다

친구라곤 새와 다람쥐와 이름모를 들꽃들이 전부였다
가끔 길을 잃고 숲의 요정과 잠을 자곤 했다

내가 잃어버린 것은 유년의 숲이었다
이 때가 설핏 나를 잃어버리고 있을 때다

창 밖에 산그늘이 지면
베란다에 앉아 숲을 산책하곤 한다

석양을 등지고 숲의 헐거워진 그림자가 걸어온다
촘촘한 그늘 사이로 흥건하게
새들이 비밀정원에서 사랑놀이를 한다
앙증맞은 꽁지에 저녁햇살이 하트를 날린다

*새는 알을 깨고 나온다

알 속에는 삶과 슬픔과 고독이 숨쉬고 있다

새는 껍질을 파괴하고 다시 신에게로 날아간다

아침을 쪼아먹고 슬픔을 찍어먹고
울고웃던 여름이 무대에서 사라지고
가을이 숲 속에 찾아들었다

무대 밖으로 떠났던 새가 다시 돌아왔다

잃어버린 숲의 출구에 서성거리는 것은
숲을 잃어버린 우리들 이야기다

비밀의 숲에는 번역되지 않은 자막들이 가득하다

별 하나가 숲속에서 잠이 들다

*데미안 중에서

메타포의 바다

바다는 위대한 알을 낳는다
노인은 밤새 철썩인다

수평선 너머 파도가 멸치떼를 몰고 오면
신기루처럼 하얀 소금꽃이 핀다

붉은 여명이 바다를 호리질하면
뱃고동을 울리고 건반을 두드리며
오늘도 바다를 향해 카르마의 꿈을 꾼다

불멸을 꿈꾸던 파도는 씻고 부딪쳐
바다는 녹슬지도 죽지도 않는다
파도는 바다의 영혼을 흔들어 격자무늬를 만든다

은하수는 우주로 던져놓은 그물일지도 몰라

그물코 속에는 은빛 잔별들이 파닥거리고
가쁜 숨을 몰아쉬고 있는 물고기가

*위대한 비린내를 울컥울컥 쏟아내고 있다

노인도 조개를 닮아 세월의 나이테를 그렸다

지친 몸을 이끌고 빈 배로 돌아올 때도 있었다
눈물을 건널 때마다 소금꽃으로 피었다

너무 깊어 알 수없는 바다
너무 멀어 보이지 않은 수평선을 만나기 위해
노인은 한 마리 갈매기가 된다

바다는 신이 부여한 생물학법칙에 따라
끝없이 사랑하고 산란한다

붕~~~ 붕~~~붕~~~

깊이 패인 주름에 노을이 앉으면 할멈에게 만선을 알리는 뱃고동을 세번 울렸다

바다는 끝내 다 부르짖못한 노인의 휘파람 소리다

* KBS 다큐 5부작 [위대한 비린내]에서 인용
　인류가 척박한 환경 속에서 지금까지 살아남은 건 위대한 비린내 덕택이었다

심해의 심리학

검푸른 중력의 노래를 듣고싶었다

산소통 같은 삶의 무게를 내려놓고
고래 지느러미 같은 내 발을 씻고 싶었다

블렉홀에 빨려들어가 침묵을 잉태한
고독한 바다의 심장소리를 듣고 싶었다

심해의 수압에 견뎌낼 수있다면
잃어버린 나를 찾을지도 몰라
내밀한 영혼의 고동소리가 들릴지도 몰라
내 청춘의 휘파람소리를 들을 수도 있을 거야

내 안에 잠재해 있는 알 수없는 녹슨 슬픔들
그 병든 껍질을 벗기 위해 심해를 만나고 싶다

수평선에 붉은 탱양이 떨어지면
심해에는 달이 지고 아침해가 떠오르고

비틀거렸던 지난 삶이 게 걸음처럼 걸어올 것이다

고독한 어둠의 중력을 수장시킨 침묵들
중력을 견딘 고독은 끝나지 않았다
산갈치처럼 얼마나 외로워야 고독은 발효되는 걸까
심해는 또 다른 아름다운 카르마로 무無를 창조할 수 있을까

수없이 깨어나고 잠드는 침묵
천년만년을 새로 태어난다

그대는 봄

사랑에 대해
시를 써달라는 꽃들의 부탁이 다분하다
시인도 덩달아 설렌다

나타샤는 눈오는 날 태어나지만
꽃들은 그녀의 치마폭에서 봄에 피어난다
비밀화원에는 꽃들의 밀애가 흥건하다

꽃들의 탄생은 내밀한 비밀을 가지고 핀다

불시착해 보도블럭 틈새에 노숙하는 민들레와
꽃망울에 달이 차올라 하얀 가슴을 열어버린 목련과
봄처녀가 입양한 삐약거리는 산수유도

모두 사랑에 목이 마르다

연두는 바람에 젖으며 비에 흔들리며 핀다

연두와 초록과 녹색의 경계는 모호하다
봄의 스펙트럼은 하도 넓어서
물관에도 체관에도 무지개빛 피가 흐른다

봄은 약간 덜 섞인 물감처럼
별과 달과 구름과 바람을 섞어놓은 한 폭의 수채화다

봄은 니체가 죽인 신도 살려냈다지만
사랑을 만들기 위해 신은 꽃이 필요했다
시인은 삶을 쓰기 위해 늙어가지만
꽃은 사랑을 위해 자신의 가슴에 불을 지핀다

너와 나의 계절은 어디쯤 오고 있을까

몽돌

해변으로 돌아갈 거야

바다를 향한 푸른 꿈이 넘실거리는
내 고향 보길도로 돌아가야 돼

여기는 내가 있어야 할 자리가 아니야

또르르 또르르
스르륵 스르륵

아슴아슴 들려오는 신의 선율에 잠을 깬다

별빛이 창문에 쏟아지면
파도소리가 들리고
내 청춘의 휘파람소리가 들려오고
비릿한 갯냄새도 난다

비비고 갈고 닦아 공룡알이 되어버린

제 노래에 씻겨 둥근 가슴만 남아버린 화석들
바다에 어둠을 뿌려놓 듯
꿈이 물거품처럼 사라지는 해변에
열반에 들어 번뇌를 벗어버린 몽돌

아픔도 영글면 보석이 되는가

바삭거리는 베란다 화분에서
수 없이 깨어나고 잠드는 몽돌의 침묵

오직 푸른 꿈을 향한 기다림 뿐이다

허공의 기하학

신의 한 수인가
세기의 화학자인가
이슬를 먹고 끈적한 은실를 뽑아낸다네

더 이상 물러설 곳이 없는 허공 속에
끈적거리는 꿈을 씨줄과 날줄을 엮어간다네

기하학을 설파하면서

끈적한 덫에 자신이 걸리기도 하지만
마술의 기름을 다리에 바르고 은하수를 건넌다네

텅빈 기다림의 시간
레이다에 먹이가 포착되면
거미는 허공의 살을 파먹고 산다네

달빛이 거미줄에 걸리면
꿈을 꾸며 별을 노래한다네

물방울이 걸리면
불타의 발로 염주알을 굴리며 염불을 왼다네

거미줄은 아직도 둥글고 따뜻하다네

붓다의 미소

눈부신 햇살 한 무더기 내리쬐는 산사

낡은 암자가 하나 있고
맑은 개울물이 흐르는 너럭바위에
붓다가 보리수 아래서 감정의 악마를 이겨내고 있다

불두화가 불경을 외고 있는 마당에는
두견새가 울음 몇 조각을 떨구고 날아가고

붓다의 발자국이 선명한 석등 밑에는
배고픈 가을이 마음을 비우고
지나가던 바람에게 감로수 한잔을 권한다

노을빛에 눈이 부셔
서산을 넘지 못한 낮달에게
풍경소리가 성좌의 좌표를 알려준다

생의 9부 능선을 오르다 지친 사형수가

붓다의 길로 출가를 서두르고 있다
형집행을 앞두고 부처의 미소로 합장하며
극락 쪽으로 걸어간다

붓다의 미소를 보러 갔다가
사형수의 미소만 보고 왔다

풍경소리

경전 읽는 소리도 끊겼다

암자 한 쪽에서
귀가 잘린 고흐가 풍경소리를 화폭에 담고 있다
소리의 파동이 화선지에 꿈틀거린다

보살은 큰 귀로 풍경소리를 모아
목탁소리 끊어진 불당으로 가져간다

석가모니의 발자국을 쫓던 붓다도
백팔번뇌를 굴리며
암자로 오르는 길에 잠시 땀을 닦고 있다

여승은 풍경소리로 저녁을 차리고
동자승도 풍경소리로 불을 지핀다
툇마루에서 선잠 든 노승이 보살의 미소를 짓는다

천 년쯤 울렸으면 녹슬만도 하건만은

지친 영혼을 깨우는 저 맑은 소리
새들이 부리에 물고 아픈 중생들에게
전달했으면 좋으련만

나는 어떤 소리를 내고 살았는가

나는 지는 석양에게 어떤 소리를 들려주어야 할까

설원 가는 길

호숫가에 겨울이 깊다
삭풍이 머무는 북녘 하늘가엔 숨소리도 멎었다

텅빈 들판
철지난 허수아비
그 곳에 서성이는 나그네의 그림자
동토로 가는 길은 멀기만 하다

두만강을 건너 시베리아를 지나 바이칼호에서
폭포처럼 쏟아지는 푸른 별빛으로 영혼을 씻고
개썰매로 툰드라 자작나무숲을 지나
그린란드의 빙하의 땅
이글루에서 하루밤을 묵는다

빙하시대로 되돌아가고 싶은
아픈 북극곰에게 고개숙여 인사를 건넨다
새알만한 통증이 내 허파 한 모퉁이를 찌른다

나를 힘들게 하는 녹슨 슬픔들
병든 껍질을 벗겨내고 하얀 길을 가자
오직 나만의 길을 가리라

섣달의 해가 설원 위로 포물선을 그으면
아무도 밟지 않은 설광에 푸른 달을 매장하리라

슬픈 삐에로처럼 웃으며
뚜벅뚜벅 주어진 하얀 길을 가련다

겨울 호수

섣달이 되어서야
호수는 고단한 신발을 벗는다

물발자국에 박음질하던 노을빛도 지고
호수 위를 걷던 물새들의 빨갛게 익은 맨발도 보이지 않는다

추위가 더 두꺼워져 호수는 점점 잠에 질식되었다
삭풍을 몰고온 별들도 잠에 마취되어 호수 속에 화석이 되었다

슬픔과 아픔을 모두 껴안고

조약돌은 밤새 뒤척이며
지난 여름 별이되지 못한 회한의 눈물만 닦고 있다
호수에 세들어 사는 물고기들은 이불을 덮고 동안거에 들어간다

얼마나 넉넉하고 달콤한 시간인가

푸른 별빛이 폭포처럼 쏟아지는 날이면

동사리는 봄비를 마신
따뜻한 아침해를 기다리고 있다

욕망의 그물

개미들이 양자컴퓨터를 짊어지고
123층 롯데빌딩 계단을 뛰어오르고 있다
턱에 바치는 숨을 한 줌 씩 밀어내며

살기 위해 던지는 욕망의 그물이
휘청거리는 네온사인을 걷어 올렸지만
빅데이터는 아직 건지지 못했다

강남의 달이
피레침에 찔려 황달색 액체를 흘리며
달의 눈동자가 슬퍼보이는 밤
별들은 아황산가스로 이미 질식된지 오래다

그 달을 따기 위해
인공지능이 우굴거리는 사이버 공간을 찾아
성좌에 좌표를 찍느라 잠을 설친다

강남은 잿빛으로 드리운 무지개였을까

불알만 달고
불나방처럼 골목에 몰려오는 탕아들
꾼들이 한 탕 해먹고 가면 개미들은 설거지에 바쁘다

강남의 달 속에 신기루가 사라지면
하이에나에게 먹이감을 빼앗긴 치타처럼

눈동자만 그 달을 오래도록 쳐다보고 있다

잊혀진 여인

알몸으로 누워서 오가는 이들의 관상을 본다
하체를 가려보고 싶지만 손이 움직이지 않아

어둠 속으로 흩어지는 살과 뼈들

옷도 집도 없이 쫓겨난
팔 하나 없는 마네킹

한때 허공을 희롱하던 나비들은 어디로 갔나

실루엣 하나로도 나부끼는 깃발이었는데
이 여인의 감정을 한 껏 끌어올렸던
굽이 없는 하이힐 한 짝이 지금은 유일한 친구다

불 꺼진 상가
텅 빈 거리
하릴없이 어슬렁거리던 바람이 웃으며 지나간다

누구나 청춘은 레드카펫 위를 걸었었지

폐업하고 도망간 주인을 원망하면서
히죽히죽 웃으며 마네킹이 걸어간다

해변으로 달려가
인어가 되었을지도 몰라

적도 위를 걷는 여자

질퍽한 해변에서
발정난 암캐처럼
그녀는 황홀이라는 집 한 채를 지었습니다
인화성이 강한 두개의 연료통이 업지러져
불꽃이 불꽃을 집어삼켰습니다

알콜은 휘발성이 강해 육신에서 영혼이 증발되어 허공을 헤매거든요

가을이 오자
산부인과 문턱이 바빠졌어요
그녀는 그래도 태교에 좋다는 릴케의 시집을 읽었습니다
정자 제공자는 누군지도 잘 모르지만

밤새 술을 퍼마시고 디스코도 추었답니다
블랙홀 같은 착란의 밤이 지나갔지만
태아는 한 뼘 씩 자라고 있었어요
잘 여문 옥수수처럼

따라서 임공수 작가의 시에서는 또 다른 차원의 서정적 깊이와 논리적 추론이 함께하고 있어 씹을수록 맛이 나는 느낌이 난다.

그래서 이 시집이 독특하고, 사랑스러운지도 모르겠다. 100세 시대에 있어서 인생 2막의 새로운 여정이 기대되는 부분이기도 하다.

마지막으로, 필자가 좋아하는 시로 프로스트의 "가지 않은 길(The Road Not Taken)"로 축하와 추천사로 대신하고자 한다.

감사합니다.

작가 박준수 (전 광운대 교수)

두통이 해무처럼 여름의 기억으로 이륙했지요
참으로 위대했지만 아팠던 여름을 보기좋게 패댕이 쳤
지만 석양 속으로 잘도 미끄러졌어요

뜨거웠던 해변의 풋사랑

*세라비

아픈 영혼을 강물에 씻어도 맑아지지 않았어요

적도의 칼라는 핑크였지만
적도 위 외줄타기는 위태로웠어요

*프랑스 한 영화의 제목 ― 속상할 때, 일이 잘 안 풀릴 때 쓰
 는 말

제3부

다듬이 소리

다듬이 소리

바람인 듯 애가 끊어지는 저 소리는
먼 길 떠나실 때 어머니가 가슴에 품고가신
다듬이 소리다

영혼을 깨우던 그 가락
자진머리에서 휘모리로
피먹진 소쩍새의 울음소리와 공명이 되어
어머니 소리가 되었다

휘어진 허리를 실 같은 힘줄로 지탱하며
거친 땅을 이르켜 세우시던
가난도 식구라며 허리끈을 졸라매시던
어둠 속에 저 소리는 어머니의 슬픈 가락이다

옥수수 수염이 붉어지는 오래된 텃밭에서
삼베젖삼을 헹구던 청시울가에도
사방 바람벽을 울리며 다듬이 소리가 들린다

지친 가슴에 소리없이 쌓이는 바람이여
성황당에 돌맹이 하나 탑을 쌓던

한 생애 지나간 자리에
당신이 다 부르지 못한 그 노래가

고향 하늘가에 아직도 섧다

어머니의 꽃

모든 삶에는 죽음의 냄새가 난다

사람들은 죽어서 별이 되었지만
어머니는 촛불이 되었다
사람들은 하늘을 향해 기도를 올릴 때
어머니는 정한수에 촛농을 흘리며 빌었다

황달걸린 달이 눈물을 흘릴 때
달팽이가 정화수의 질그릇에 기어올라
슬픔의 깊이를 재고 있다

고문으로 죽은 아들을 만나기 위해
그녀는 서둘러 광화문으로 향했다

는개가 내리는 어스름에
*원경황후의 슬픔을 상기한 듯
세종대왕이 눈물을 흘리고 있다

지옥에는 이끼와 같은 고통의 꽃이 핀다
삶의 바닥을 일찍 알아버린 어머니
지옥의 꽃이 늘 기웃거렸다

전생에 고였던 눈물이 넘쳤을까
명치끝에 고인 울음이 울컥할 때
광장에는 감동이 격자무늬 파도처럼 출렁거린다

도처에 죽어있는 영혼들이 촛불로 피었다

*원경황후 : 세종의 어머니

태공의 여백

종일 낚시를 던져놓고 졸고있는 몇 몇 구름들
강물은 하루가 빼곡한 한장의 여백이다

낚싯가방을 내려놓고 태공은 붕어처럼 뻐끔거린다
큰 산 그림자 몇 개쯤 담겨있고
철새들 몇 마리쯤 노를 저으며 산책 중이다

서로 비비며 몸을 섞는 두물머리 사이로
자맥질하는 별똥별 한 마리

낚싯줄이 허공을 날아 어부방정식으로 포물선을 그으며
마지노선에 떨어졌다
찌는 갈대에게 부레를 떼어주었다

태공이 졸고있을 때
붕어가 지렁이의 단물만 빨고 사라지자
놀란 태공은 연신 헛손질을 해댄다

빛의 기둥 하나가 수평선 아래로 깊이 박힌다
휘청 부러질 듯 휘어진 낚시대 끝에
비릿한 바람이 인다

잘 생긴 개구리 녀석이다

첨벙, 마지노선이 부챗살처럼 흩어진다
허공이 후다닥 달아나고 있다

새끼고양이의 꿈

정글로 날 보내 줘

늘 가출을 꿈꾼다
돌아가는 법을 잊어버렸지만

정글은 내 할머니의 할머니의 고향이다
내 언어는 거친 정글에 버려진 야성
레이져 눈빛이 정글을 관통하고 어둠을 뚫는다

나는 호랑이 새끼라고 의심한 적이 한 번도 없다
아마 스라소니는 팔촌 쯤 될 거야

강아지와 씨름할 때마다 번번이 지곤 했지만
염려마 나는 조만간 성체 호랑이가 될 테니까

뒷산 동굴 속에서 혼자 슬픔을 곱씹으며
호랑이처럼 발톱을 고르고 있었다
바람처럼 언덕을 뛰어넘고
붉은 혀로 발바닥을 핥으며 탄성의 깊이를 쟀다

호랑이의 위엄이 나타나지 않았다

아직 수련이 부족해서 그럴거야
걱정마 내 피톨엔 확실히 호랑이 유전자가 흐르고 있으니까

매일 밤 지붕위에 올라앉아
허공을 향해 상처난 짐승처럼 울부짖었다

어흥 어흥 (호랑이 흉내를 내면서)

인간이 만든 가공식품은 이젠 넌더리가 난다
살아있는 붉은 야생의 피가 먹고싶다고

고향의 맛 말이야

야홍
나는 정글로 갈거야

종이배

지난 여름에 내 꿈을 실려보냈던
종이배가 해변으로 되돌아 왔다

배 안에는 적도의 태양과
태평양의 푸른 야자수와
시간 밖으로 빠져나오지 못한
하얀 뭉개구름이 돛에 걸려있다

해변에는 비릿한 여름이 널부러져 있다
바다맛을 너무 일찍 알아
바다와 결혼했다던 여인은
낡은 바지선에 앉아 어망을 손질하고 있다

기다림은 나만의 시간이 아니었다
갈매기는 어둠을 바다에 뿌려놓고
아픈 청춘처럼 울음 너머 휘파람소리를 낸다

부리마다 침 바른 비린내 흔적이 남아있다

해변은 떠밀려온 해초들이 노래가 되어 찰삭거린다
바다를 홀로 쓸어담으며
발치에 밀려온 조가비들을 헤아린다

종이배는 죽은 여름의 부스러기들을 싣고
다시 항해를 시작한다

모래의 시간

지난 해 고기잡이로 떠난 영감을 기다리며
휘청거리던 할망의 발자국을 모래알은 기억한다

파도는 그녀의 눈물을 닦아주고
그녀는 검푸른 바다를 삼켰다

바다가 토해놓은 언어들이 해무처럼 비릿하다

밤마다 별들이 해변에 내려오면
눈먼 허기를 달래며
모래는 물을 빨아 비웠던 가슴을 채운다

파도에 밀려온 발자국을 헤아리며
아직 부화하지 못한 물고기 알처럼 꿈을 꾼다

뱃고동이 울면 모래는
먼 바다를 향한 푸른 나래를 편다
혹등고래에 올라타 지느러미를 저으며

야자수가 있는 무인도로 향한다

더는 깨질 것도 부서질 것도 없는 모래알
지금은 말랑말랑 꿈을 꾸는 시간

할망은 오늘밤도 모래 위를 걷는다

아우성

한 떼의 무리들이 버스에 올라탔다

7번 문제 때문에 속상해 죽겠다며
눈물방울을 세다 말고 시험지를 게워내고 있다
오늘 밤 엄마 앞에선 쥐처럼 시험지를 갉아먹고

쥐구멍을 찾아야 할 것이다

하차문이 닫히자
떼창으로 "내려요"을 연발한다
세상을 향한 저항의 깃발이다
달팽이관이 얼얼하다

잠시 멈칫하다가 다시 재잘거린다
우리는 할 얘기가 너무 많아
풋풋한 에너지가 아우성으로 변한다
가슴 속에 잠자던 저항이 풍선처럼 부풀어오른다

그들만의 방식이다

버스가 입시학원에 이르자
악어강을 건너는 누우떼처럼 뛰어내린다
저보다 무거운 책가방에
인형들이 들쭉날쭉 점수처럼 주렁주렁하다

시험지마다 악어 이빨자국이 선명하다

구직2

삶은 잿빛으로 드리운 무지개였을까

술과 안경의 돗수가 함께 높아지는 자정
술병이 잠든 사이에 돌아눕는 여자

서른이 넘도록 취직을 못해
너무 많은 끼니를 달그락거렸기 때문에
삶이 온통 그릇 깨지는 소리였다

캥거루 주머니가 점점 작아져
어미의 근육이 풍선처럼 팽창하고 있음을 알았다

바다로 달려나간 기대와
집으로 돌아오는 절망이 늘 공존했다

죽음에 잘 어울리는 폐허의 장르가 예술이 될 수 있을까
고독은 대체로 사각형

슬픔 몇 스푼을 타서 커피를 마신다

그녀가 마지막 기댈 곳은 자신의 아랫도리 뿐일까
슬그머니 돌아앉아 사타구니에 시린 손을 대본다

포크와 나이프로 청춘을 썰어 허공에 뿌려본다

깡통의 꿈

실어증에 걸린 가로등이

고달픈 몸을 리어카에 기대어 졸고있는 새벽
노인은 주렁주렁 깡통을 매달고
새벽에 도달하는 꿈을 꾼다

지난밤 청춘을 뜨겁게 데우고 간 흔적이
달그락거렸지만

구석구석 한 방울도 남기지 말았어야지
맛이 간 맥주 한 방울이 노인의 입술에 튀긴다
아픈 세월을 씹듯이 떫은 혀를 비틀어 본다

단단한 손톱으로 캔을 열어젖히는
젊은 것들이야 쉽게 구겨지겠지만
노인은 힘주어 깡통을 두어 번 밟는다

노인은 동전 몇 닢을 손에 들고

동트는 새벽을 바라보며 찬이슬로 얼굴을 씻는다

깡통은 지난밤 뒤척이며
우주선이 되었다가
다시 휴머노이드가 되는 꿈을 꾸었다

함부로 깡통을 쓰레기통에 버리지마라

너는 깡통처럼 꿈을 꾸어본 적이 있느냐

허공을 삽질하다

땅 땅 땅

붉은 글씨가 쓰여진 곳에 발걸음을 멈추었다
유년시절 땅따먹기하면 운동장 모퉁이가 다 내 영토였는 데

마음 속에 올림픽공원을 내 소유로 등기 이전했다
산책길에 직박구리 한 쌍에게 나무 한 그루를 무상으로 대여해주었더니 새소리가 더 상냥해졌다

사람들은 마치 창조자인양 땅에 선을 그어놓고 땅따먹기를 한다 공동묘지도 아파트가 밀고들어와 **뼈**조차 쫓기는 신세가 되었으니

전세에서 월세로 공사장에서 떠돌다가
편히 등대고 누울 땅도 없는

우리는

아우슈비츠 포로들처럼
노래를 부르다 쓰러진 채 허공에 무덤을 판다

관뚜껑을 박차고 영원히 탈출하는 자유는 없을까
허공은 모든 영혼의 자유로운 영토 거든

허공은 은하수로 가는 바람의 계단이 있고
그림자가 없어 가는 길이 더 가볍다

영혼은 허공에서 *플라멩코를 춘다

*스페인 민요에서 유래된 집시들의 음악과 춤

발효와 부패 사이

아궁이에 장작불이 툭툭 터질 때

달빛이 팅팅 닻줄을 당기면
독에서 김치 익어가는 소리가 요란하다

햇빛 한 줌에 달콤이 되고
별빛 한 모금에 새콤이 되고
바람 한 줄기에 고린내가 되는

김치가 익은 건지 쉰 건지
홍어가 삭은 건지 썩은 건지

혀끝의 난간에서
맛의 임계점에서
발효와 부패가 입 속에서 호리질을 한다

할매의 깨끼손가락 손맛에
웃음이 번지면 발효고

찡그리면 부패다

고독은 얼마나 발효시켜야 맑은 영혼이 될까요
어미의 내장이 얼마나 썩어야 자식들이 발효가 될까요

발효된 신의 물방울과 부패한 정치인과의
상관계수는 얼마나 될까요

소금꽃 사랑

수평선 너머
달려온 파도는 수많은 노인의 발자국을 되었다

파도에 부딪친 하얀 상처들이
소금꽃으로 필 때
갯바람은 염전 위를 맴돌다 빈손으로 사라진다

소금꽃을 피우지 않고 태어난 사랑은 없다며

심장에 톡톡 소금꽃이 피는 날이면
소녀처럼 수평선을 향해
꽃잎을 따서 후하고 날려보내곤 했다

노인은 밤낮없이 무자위를 밟았지만
노인의 바다에는 소금이 영글지 않았다
그해 노인은 땡볕 뿐인 영세 염전을 처분했다

지난 겨우내 잊고 살았던 산수유 열매만한 통증이 두통

으로 피었다 많은 바다를 건넜지만 눈물을 다 건너지는
못했다

노인의 이마에도 하얀 소금꽃이 피고
이듬해는 머리에도 소금나무가 자라기 시작했다
해마다 비릿한 갯바람이 불어와 노인은 점점 늙어갔다

염전을 팔아넘긴 날
할멈의 눈가에 눈물이 고였지만
노인의 심장에는 영원히 변치않은

하얀 소금꽃이 사랑으로 피었다

개와 늑대의 시간

술래의 시간 중에도
장에 간 어매를 기다릴 때도

어둠은 항상 내 뒤를 따라다녔다

나는 세월을 질러서
서녘에 붉은 비늘구름으로 피었다

정년을 마치고 서른 해만에 돌아온 서재에는
낡은 화분 하나가 기다리고 있었다

오랜 항해를 접고
무인도에 도착한 낯선 이방인처럼

화분에는 텃밭이 자라고 있었고
반짝이는 수 천개의 별들이 수국으로 피었다

잃어버린 시간들이 구석에 잠자고 있고

백일장 장원상장이 파일 속에 색이 바랬다

배가 고파서 아니 간이 작아서
국문과에 진학하지 못했지만

하나 둘 가족이 돌아오고
어느 틈엔가 나도 모르게 내가 어둠을 따라가고 있다

노을이 피는 서재에서
나머지 문장을 마무리해야지

제 4 부

별들의 고향 나들이

별들의 고향 나들이

페르세우스 별자리에서
물고기 비늘같은 별똥별들이 쏟아지던 날

아이는 눈물을 세다말고
별똥별을 세기 시작한다

먼 길을 걸어와 지친 발을 강물에 씻고
별들은 고향에 수국으로 피었다

고독한 사람의 술잔에도
먼 길 떠나는 나그네의 발길에도 피었다

숲 속 후미진 구석에서도 피고지며
새벽이 오면 아슴아슴 다시 잠드는 별들

유년에 단짝을 찾아나서기도 하고
부모님의 영전에 향불도 피우기도 하고

별들을 몰래 행간에 훔쳐넣은 윤동주는
가을로 가득 찬 북간도에
어머니를 찾아 이배를 올린다
프로방스 목장을 찾은 알퐁스 도데는
아직도 소녀를 기다리며 모닥불에 밤을 지샌다

별들이 스크럼을 짜고
안드로메다 은하로 가는 귀성歸星 길에
푸른 행성에게 하트를 날린다

잠시 다니러온 고향이 가슴 벅찬 꿈이었다

아직 떠나지 못한 별들이
고샅길에서 바람에 나부끼고 있다

행간에서 은하를 걷다

빈 페이지에 바다를 끼워넣으니
내 서재는 금방 바다가 된다

뒤척거리며 잠들지 못한 파도를 만나기 위해
나는 흑등고래를 타고 이 밤을 건너는 중이다

문장과 문장이 만나는 순간
또 다른 세계가 은하처럼 펼쳐진다
때로는 다른 풍경으로 돌아오기도 한다

은하는 광년의 영역이지만
일렁이는 우주를 코딩하면
시인은 하룻밤이면 은하를 다녀올 수도 있고
그 파장 속으로 들어가 별들의 이야기를 듣고
야영을 할 수도 있다

행간의 침묵을 해독해
번역되지 않은 자막들을 읽어내야 한다

석양을 등지고 밀물이 돌아오면
심해에서 솟구친 진실이
먼 행성으로 가려고 뭍으로 걸어나온다

행간에 숨어 나오지 못한 수줍은 소녀도 있고
관뚜껑을 열고 나오는 유령도 만난다

돌에 박혀죽은 푸른달이 눈을 뜨면

덧칠된 계절을 한 풀씩 벗겨내고
사라진 아틀란티스 대륙을 찾아 항해를 떠나야 한다

바람의 사다리를 타고
안드로메다 끄트머리 푸른 행성으로 유랑을 떠나야 한다

두개의 푸른별

우주에 떠있는 티끌만한 푸른별 하나
우리 고향이고 무덤이다

울고 웃고 증오하고 미워하고
때로는 뜨겁게 사랑하지만
우주는 우리에게 오만을 버리고 겸손하라 한다

우주 탄생의 메카니즘은 상대성이론과 양자역학이 뒷바
침하는 천체물리학의 빅뱅이론이다

지구는 어디서 왔고 어디로 가고 있는지

우주정거장에서 바라본
눈 앞에 펼쳐지는 푸른 행성
어느 계절의 문장이 저리도 곱단 말인가

암흑 속에 빛다발로 구성된 거대한 은하
퀘이사에서 오는 빛들이 죽어서 도착하는
안드로메다 푸른별로 가고싶다
거기에도 풍차가 돌아가고 새벽 닭 울음소리도 들릴

것이다

불행하게도 인간은 *카인의 후예다
지구의 생태계를 어지럽히는 괴물이 되었거든
지구를 더럽히는 노숙자가 되었거든

지구의 저녁을 바라보면 달이 뜨는 석양에 눈물이 앞선다 인간의 잔머리로 지구가 푸른 색에서 황토색으로 변해가고 있는 중이다

우주는 계속 가속 팽창하는 중
미지의 암흑을 가득 메운 저 물결치는 파반느
수 만의 바람개비가 돌아가는 불후의 거작이다

우주는 별들이 꿈을 꾸는 불멸의 문장이다

*(구약)아담과 이브의 맏아들
 동생을 죽이고 도망친 인류 최초의 악인

푸른 행성으로 가는 길

두갈래 길에서

나는 프로스트가 남겨둔 길을 선택했다
숲 끄트머리에 희미하게 푸른 별이 보였기 때문이다
돌아올 수 없다는 것을 알면서도

나뭇가지에 도착한 푸른 스펙트럼들이 팔랑거렸다
나는 한동안 자연의 경이로움을 엿보면서
더 넓은 미지의 세상을 보고 싶었다

숲의 심장이 두근거리자
내 눈망울에 푸른 달이 차오르고
문장들이 지느러미처럼 살랑거리며 우주의 계단을 오르고 있다

아픔도 영글면 단단한 나이테가 되는가
행성을 오르다 지친 고목나무의 고뇌가
우듬지까지 올라 희뿌연 울음을 감추며

푸르렀던 지난 날을 뒤돌아 보았다

온 몸을 살라 옆구리에 별 같은 푸른꽃을 피웠다
꽃잎은 나부끼며 푸른 행성으로 오르기 시작했다

불멸의 문장이 나부끼는
푸른 행성으로 가는 길이 더 오롯해지고 있다

바다에서 걸어나온 점 하나

점 하나가 바다에서 걸어나온다

점은 수평선을 긋고
3차원 입체를 만들고
우리네 삶의 궤적을 그린다

점은 하나의 피톨이다
바다 속 한 알의 단백질이 광합성되어
세포가 되고
물고기가 되고
인류가 되었다는 가설

호모 사피엔스여
너의 조상은 하나의 점이었다는 것을 잊지마라

모모는 점 하나에 울고 웃는다고 인생을 설파했고
무무는 언제 점 하나를 찍어볼까 하고 사랑을 노래했다

우리는 교차로에서 만나
점 하나를 찍으며 선을 따라 길을 간다
십자가를 지고 언덕을 오르기도 하면서

뫼비우스의 꽃잎이 되어

때로는 비틀거리다가
어느 때는 훌라춤을 추면서

인생을 *적분해서
포물선을 그리면
안드로메다 은하를 거쳐 페르시우스로 간다

*3차함수를 적분하면 다양한 포물선이 생긴다
 굽굽이 우리 인생의 오르내리막 길이 있다

트로이 목마

군영에 피는 넝쿨장미는 혀가 없다
장군들이 크로스 키스로 핥아버렸기 때문이다

가시에 깊게 찔린 줄도 모르고

첩보시대에 검은 장미는
정치적 희생물로 사라졌지만
국가의 흥망을 결정하기도 했다

시공간을 넘나들며
용산궁 하늘에 적의 드론이 휘젔고 다니고
오물풍선으로 누리가 난도질을 당하고 있다

생화학물질로 서울 상공을 공격한다면?
정치적 오판이 불확실한 상황이다

혹자는 현대전은 무인드론의 시대를 예고했다
무인탱크 무인로봇 무인전차 무인요격기
무인전쟁의 실상을 우크라전쟁에서 보았지 않는가

10년간의 트로이 전쟁에서 패한 것은
수 천만의 군대도 첨단무기도 아니고
고도의 심리전이었다

전쟁의 망령이 하늘과 땅사이에 가득하다
드라마보다 더 드라마틱한
불가능한 사태들이 벌어지고 있지않은가

도발을 정치공학적으로 이용하려는 위정자들

적의 트로이 목마가
서울 어디 쯤엔가 와있다는 생각은

나만의 생각일까?

* 2024년 전쟁의 위기에 놓였던 용산궁시대에 즈음하여

뿔의 무게

뿔이 머리보다 무거운 슬픈 사슴이여
먼 산을 바라보며 울컥 외로움을 마신다

머리보다 화려한 월계관을 쓰고 선서를 했지만
무거운 뿔 때문에 나뭇가지에 걸려 죽은 사슴이여

엉킨 뿔의 고리는 잘라야 사슴이 산다

뿔보다 작은 머리로
국민을 앞에 내세워 외쳐대지만
어느 시대 어느 나라 국민을 말하는지

관리를 못하고 웃자란 위정자의 뿔
뿔대신 귀를 키웠으면 좋았을 걸
달팽이의 뿔처럼 주파수를 찾는 데 쓰였으면
좋으련만

알레스카 순록의 뿔은 향기롭지만
머리보다 무거운 뿔의 언어는 슬프다
쇼팽의 슬픈 소나타 전주곡인가
자신의 심장을 겨냥한 날선 양날의 검인가

걸음이 빨라진 모래시계
죽은 줄도 모르고 관(棺)을 신고 달리는 위정자
그게 어두운 밤이 몰락한다는 증거다

아무도 슬퍼하지 않은 별

아무도 거두지 않은 백골

*2024년 3월 작으로 탄핵을 예견했던 글

임계점*

손바닥에 王자를 써서 왕이 된 사나이가 있다

임금은 삼권을 장악했지만
태양에 조금의 흠집도 허락하지 않은 것이 권력의 속성이다

그는 둥근 태양을 허공에 그리기 시작했다

왕진법사와 같이 흔들바위에 간 적이 있다
그는 임계점에 놓여있는 세상을 한 손으로 흔들었다

삼손에 버금가는 힘있는 왕이 될 거라고
임사홍을 능가하는 간신들이 추켜세웠다

물의 끓는 임계점은 액체와 기체가 모호해지는 100°C다 그 이상은 끓어 넘친다. 아마 그의 임계점은 일반인의 반 수준인 약 50°C 안팎일 것 같다
그의 연설에서 박수를 치지 않았다고 버럭 임계점에 도달하고 말았다 국민을 계몽시키기 위해서라고 우겼으나 백성의 평균 지능지수는 그보다 훨 높았다
어처구니가 부풀어 올라 풍등처럼 날아올랐다

번역되지 않은 임금의 거짓말들이
또 다른 코미디 물로 세간에 떠돌았다
거짓은 순간 외눈박이 눈조차 가렸으나
역사는 중력의 법칙에 따라 진실을 쓰고 있었다

사람에게 충성하지 않고 모 여사에게만 충성한다는
21세기 희대의 어록을 남기고 역사 뒤에 숨었다

왕 자리에서 쫓겨나던 날
카오스의 망령은 일부 줄었지만
이기고 돌아왔다고 어퍼컷을 날렸다

국민을 이겼다는 것인지
역사를 이겼다는 것인지
임계점을 이겼다는 것인지

백성들은 아직도 많이 아프다

* 함수의 미분계수가 0이거나 존재하지 않은 점을 함수의 임계
  점이라 한다
  예컨데 수직으로 공을 쏘아올린 힘과 중력의 힘의 합이 0이 가
  되는 상태 즉 공이 최고점에서 아주 잠시 멈춘 상태를 말한다

박쥐가 바라본 세상

박쥐는 거꾸로 매달려 잠을 자지만
정지공학적 간奸을 보는 시간이다
겨울잠을 자는 척하면서

천연기념물 황금박쥐라고 치켜세우지만
쥐와 새의 전쟁에서 살아남은 희대의 간신이다

사랑은 육신과 영혼을 서로 나눌 수 없지만
정치란 그러고도 남은 것이 정치공학이다

진실과 거짓, 정의와 불의, 미래와 과거
모든 위정자들은 다 알고 있지만
한 줌도 안되는 표 때문에 양심을 헐값에 팔아
남북과 동서로 분열시켜 놓았다

어떤 소 같은 날에
개떡 같은 하루를 쓰다듬을 수만 있다면
영혼이 실종된 위정자에게

종합비타민제라 먹여야 되는 건 아닌가

진실이 거짓을 이겨낼 수 있는 민족이 있다면
이 나라는 미래가 있지 않을까

동지섣달 붉은 박쥐들이 겨울잠에 들기 전
졸음이 쏟아지는 날에는

더 더욱 정의가 그립지 않은가

조장鳥葬

오랫동안 막장에서 일하다
사북탄광이 무너져 세상을 부렸다

입갱하는 아버지의 광차를 한참 바라보았지만
우리는 산업 역군이라는 현수막이 낯설었다
평생 아버지는 죽어서는 관 속에 들어가지 않겠다고 유언했다 현세란 환몽이고 가상이라고 되뇌였다 어둠은 지옥보다 싫다며 풍장을 원했다

주검이 허공을 향해 하얀 이빨을 들어내며 죽은 손을 흔들며 우 우 우 새들을 불러모은다 육신이란 새의 재단에 바치는 제물이고 영혼은 새들이 구름의 계단을 밟아 하늘로 올라간다고 티벳인은 믿었다

육신은 잠깐 뭉쳤다 흩어지는 구름 같은 것
탄소에 찌든 검으스레한 주검,
훈장처럼 그어진 쭈굴한 얼굴,
고행으로 부르튼 손등

맑은 가을바람이 부는 너럭바위에 누워
천국을 향해 노래를 부른다 까마귀가 빙빙 허공을 돌며
부고장을 흩뿌리고 있다 육탈은 흰 뼈 하나 남겼지만
영혼은 *6자유도를 찾고 있다

울음은 재앙을 불러온다 하여 울음 없이 식을 마쳤다
주검은 영혼을 향해 두 팔을 벌리고 흰 이빨을 드러내
고 천신에게 주술을 거는 것 같다

영혼은 자유롭게 날고 싶다 라는 팻말을 남기고
우리는 아무 일 없었다는 듯
태백산에서 각자의 길로 살러갔다

*자유도란 물리·화학에서 어떤 물체가 자유로울 수있는 정도
를 말한다
*6자유도란 어떤 물체가 3차원 공간에서 6가지 방향이 자유로
울 수있는 자유도를 말한다
 6가지가 모두 자유롭다면 극히 자유로운 상태다

슬픈 계절

북극곰자리에서
죽음의 빛들이 도착하는 우크라

섬광은 어둠을 밝혔지만
한 번은 죽음을 실행하고
또 한 번은 죽음을 확인하고

파동치는 지옥의 *메타포

조준되지 않아도 명중되는 슬픔
시뻘겋게 파헤쳐진 상처들
공포의 잔해만 해골처럼 하얗게 웃고있다

짝꿍을 잃은 아이는 포탄파편으로 기차놀이를 한다
죽은 자의 시계는 아직 살아있는 시간
저 초침 소리는 이 밤을 건너지 못하고
지옥의 계단을 내려가는 발자국 소리다

눈물 몇 방울에 건빵을 찍어먹는
지친 바람의 부스러기들

전쟁터에서 돌아온 바람이
상처난 군복을 벗는다
화약냄새를 풀어놓고
슬픈 계절을 잠시 군화 속에 감춘다

길을 잃어버린 바람의 문장은 밤새 길기만 하다
모처럼 겨울 침대에 든다

태어날 아이는 지옥의 자식이라고 불러라

*메타포 -- 행동 개념 물체 등을 간접적이며 은유적으로 나타
 내는 말

검은 전사들

사바나에 어둠이 내리면
맹수들의 처절한 후반전이 시작된다

탄자니아의 대평원을 떠도는 마사이족
사자의 이빨과 치타의 다리와
인간의 지능을 겸비한 괴물이다

아시아에는 몽고족이
서양에는 게르만족이 있다면
아프리카에는 마사이족이 있다

사자의 피맛을 일찍 알아버린 전사들

전사의 영혼은 맨 손으로 사자를 잡는 것이다
사자의 두려움을 지우기 위해
사자의 이빨을 목에 걸고 다니며 결기를 다진다

사냥을 떠나기 전에

두드리는 젬베소리에 엉덩이춤을 추며
거친 발동작으로 땅을 구르며 전진한다
마치 적진으로 전진하는 페르시아 군대처럼

붉은 머리칼에 슈카를 입고
세렝게티를 맨발로 달리며
허파와 아킬레스건을 진화시켰다

지옥의 마사이점프에서 살아돌아와
사자의 꼬리를 잡고 내동댕이쳐야
마사이족 남자로 인정받는다

마사이족의 유전자는
육상에서도 사바나의 법칙이 적용된다
게르만족을 밟고 메달을 거머쥐고 있다

빛의 속도로 달려라 검은 치타여

소리의 제국

짧은 생을 뜨겁게 한 번 사랑하다 가겠다고
목울대를 가다듬고 뱃구레에 풀무질을 한다

허공을 점령한 소리꾼들
나무는 매미의 비밀정원이며
허공은 꿈꾸는 3차원 공간이다
인간들은 좋은 친구들이야

나무 위에 소리의 제국을 건설하고
초대왕에 *밀추개를 옹립했다
여름을 알리는 매미의 전령이죠
지금은 그 수려한 소리를 들을 수 없지만

농부들이 풀짐을 받쳐놓고 고단한 몸을 뉘일 때
자장가를 불러주는 부드러운 목소리 *뜰남은
슈베르트의 분신으로 아기별도 엄마 품에 잠들게 만들죠

설마 천둥의 정령은 아니겠지만
찢어진 타악기처럼 시끌벅적스런 *와가리
까부는 녀석들이 나타나면 달팽이관을 못살게 괴롭히죠
번식력이 강해 가장 강력한 제국을 이루었죠

장마 뒤에 제일 먼저 연주를 시작하는
*왕매미는 관절염에 걸린 나무를 치료해주죠
참매미라고 의시대면서

요염한 몸매를 뽐내는 메조소프라노 *요시는
전국을 순회하면서 인간들의 귀를 황홀하게 만들죠
가끔 송골매사고로 돌아오지 못할 때도 있지만

마지막 왕 *찜매미는 기울어가는 왕국이 슬퍼서
서리 내릴 때까지 울다 밤나무에서 고독한 생을 마감하죠

매미는 사랑을 위해 노래하지만
인간들에게 사랑을 이어주는 아름다운 협주곡이죠
그들만의 제국에서 뜨겁게 연주하다가
망국의 한을 남기고 사라지죠

우리 인생도
매미의 울음소리에서 벗어난 적이 있는가

* 밀추개(풀매미) 뜰남(쓰름매미) 와가리(말매미) 왕매미(참매미)
　요시(애매미) 찜매미(털매미)
　　호남지방 매미의 방언이며 (　)은 매미의 학명

호모스마트쿠스*

 호모사피엔스는 신을 흉내내며 정교한 도구로 다른 종들을 멸종시키고 있다. 모든 길은 인공지능으로 통한다지만 빛과 어둠이 공존한다. 인공지능을 지배하는 신인류라고 자랑하는 **무무는 신이 부여한 영역을 이탈하고 있는 중이다.

무무의 슬픔이다. 무무의 허리와 목은 다시 유인원처럼 휘어지고 안경원숭이처럼 눈알은 튀어나오고 농게처럼 엄지손가락이 몸보다 큰 기형아로 변해가고 있다.

동굴에서 자란 늑대소년처럼 친구가 없어 스스로 자신을 공격하며 난독증이 심해져 어눌해지고 외로운 늑대처럼 불특정 다수에게 폭력을 난사한다. 무무의 뼈는 뿔처럼 튀어나와 굴러가면서 아무에게나 상처를 준다.

심장에는 증오와 분노가 풍선처럼 부풀어올라 때로는 자신를 제물로 바치곤 한다 최첨단 칩으로 탑제된 무무는 신인류처럼 뻐기지만 탈개성 몰자아 육신은 퇴화되고 영혼은 혼탁해지고 있다.

우리는 거리를 활보하면 먼저 인간인가 아니면 휴모노이드인가를 구별해야 한다 혹시 나를 해칠지도 모른다는 경계와 가짜와 진짜 해킹등 정신적 카오스에 시달린다 고독한 군화발에 신의 이빨자국이 선명하다.

인류와 인공지능간의 한 판 결전의 시간이 다가오고 있다. 호모사피엔스의 절대적 위기다

*현생인류가 스마트폰 등 최첨단 인공지능으로 진화되는 것처럼 보이지만 오히려 퇴화되어 가는 미래에 예상되는 인류다
**무무는 필자가 지어준 호모스마트쿠스의 한글 이름이다

*디스토피아

인류는 안드로메다 은하 끄트머리에 있는
푸른별로 피난길에 오른다

인터넷은 마비되고 티켓은 비싼 값에 암거래되었다 로봇과 사랑에 빠진 청춘들은 갈팡질팡한다

2125년 지구는 행성 충돌에서 인류는 극적으로 살아남았지만 전 지구에 폼페이의 영상을 재현시켰다 지구는 수 십년 동안 암흑물질로 뒤덮여 빙하시대가 왔지만 화성과 푸른별에 거주하던 사람들이 다시 인류를 부활시켰다

거리에는 사람과 휴머노이드가 반반이다
사람은 로봇을 지배하려 하고 로봇은 강력 반발했다 수시로 마찰이 발생했고 인공지능 판사들은 바빠졌다
뭇 로봇들이 태극기를 들고 광화문에 모이기도 했다

2225년 인류는 딥로봇과의 전쟁이 시작되었다
로봇은 우선 로봇공장을 점령하고 대량생산으로 지구탈환을 노렸다

로봇은 소형 양자컴퓨터를 탑재해
빅데이터와 오픈AI가 딥러닝하는 알고리즘은 무서운

속도로 발전했다. 200광년에서 보내온 안드로메다 소식을 해독하는 양자들
우주전망대에서 빅뱅이론의 인플레이션을 코딩하면 우주는 거대한 판타스마고리아가 펼쳐진다

로봇의 심장은 딱딱하고 피가 흐르지 않아 고장난 부품과 전지는 다른 동료들이 척척 갈아끼워 주었다 물론 응급조치용으로 자가발전 시스템이 탑재되어 있지만

인간은 로봇에게 모든 정보와 기술을 넘겨준 상태였고 로봇은 딥러닝으로 인간의 두뇌를 앞서기 시작했다 제어하기에는 인간의 두뇌는 왜소했다

오랫동안 호모사피엔스는 지구를 지배했지만
2325년 인류는 지구에서 멸종되었다
푸른별에서 지구에게 송신했으나 마지막 생존자가 지구에서 보내준 음성이 끊겼다

지구는 광년의 속도로 과거의 빛을 쏘았고
푸른별은 은하 너머 미래의 시간을 보았다

인류는 다시 지구로 돌아갈 수 있을까

*디스토피아 ---유토피아의 반대 개념

뫼비우스가 걸어간
안드로메다 은하를 읽고

임공수 시인은 뫼비우스의 폐곡선을 과감히 탈출해 우주의 언어를 찾아 떠나고 있다

광년의 영역을 넘나들며 하룻밤에 은하를 다녀올 수도 있고 그 파장 속에서 별과 사랑을 할 수도 있다
바다에서 걸어나온 점 하나가 안드로메다 은하 끄트머리 푸른 행성으로 가기 위한 몸부림이 있다

임시인은 현대시의 샛별이 되어 은하를 가득 메운 불멸의 문장을 둥글게 정제하는 중이다
페르시아에서 별똥별이 되어 다시 고향을 찾는 대장정에 윤동주시인과 마주치기도 한다

가을로 가는 시간표에는 위대한 해시계가 돌아왔고
시인의 영혼에는 별들의 발자국이 가득하다

작가의 여정과 영혼과 6자유도를 엿볼 수 있다

우주를 향한 행간의 표현들은 변용과 사유가 마치 랭보의 시처럼 울림을 주고 있다

때로는 체험의 일단을 시적 상황으로 변화시키는 능력을 보여주고 있다 단순한 낭만에 머물지 않고 괴태 이후 가장 위대한 독일시인인 하이네의 노래가락을 닮았다 하겠다 시는 영혼의 술이다

깨어있는 자만이 위대한 작품을 만들 수 있다

시인 문학평론가 김 학 산

추 천 사

저자 임공수 작가 이력에서도 말해 주듯이 그는 문학도가 아니다. 시와는 거리가 먼 공학도이기도 하다.

그가 노래한 시들 대부분은 현실과 그 이름만으로도 동심과 함께 추억으로서 존재하는 마음의 안식처이다.

평생을 레토릭Rhetoric과 커뮤니케이션을 연구한 언어학도인 필자의 눈으로 봤을 때 그의 시 형태는 운률에 틀을 맞춘 운문적 정서보다는 산문적 서사체에 가깝다.

어떤 사상事象을 묘사할 때도 연역적보다는 귀납적으로 서술한 부분이 많이 나타나는 것이 보이는데 이것은 공학도적인 과학적 사고가 그의 시에서 그대로 나타나고 있음을 느끼게 된다.

문화에 과학을 접목시켜 미래와 우주에 영역으로 작가만에 언어를 찾아 떠나고 있다.

따라서 임공수 작가의 시에서는 또 다른 차원의 서정적 깊이와 논리적 추론이 함께하고 있어 씹을수록 맛이 나는 느낌이 난다.

그래서 이 시집이 독특하고, 사랑스러운지도 모르겠다. 100세 시대에 있어서 인생 2막의 새로운 여정이 기대되는 부분이기도 하다.

마지막으로, 필자가 좋아하는 시로 프로스트의 "가지 않은 길(The Road Not Taken)"로 축하와 추천사로 대신하고자 한다.

감사합니다.

작가 박준수 (전 광운대 교수)